Wann und wo wurde es gesagt? _______________

Wer hat es gehört? _______________________

AF256881

1

Wann und wo wurde es gesagt? _______________ Alter?

Wer hat es gehört? _____________________

Wann und wo wurde es gesagt? _______________ Alter?

Wer hat es gehört? _____________________

Wann und wo wurde es gesagt? _______________

Wer hat es gehört? _______________________

3

Wann und wo wurde es gesagt? _____________   Alter?

Wer hat es gehört? _____________________

,,

"

Wann und wo wurde es gesagt? _____________   Alter?

Wer hat es gehört? _____________________

,,

"

Wann und wo wurde es gesagt? _______________

Wer hat es gehört? _____________________

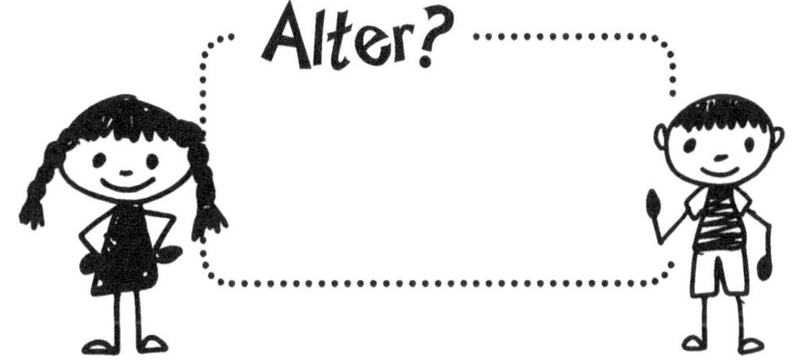

Wann und wo wurde es gesagt? _____________ Alter?

Wer hat es gehört? _____________________

"

Wann und wo wurde es gesagt? _____________ Alter?

Wer hat es gehört? _____________________

"

6

Wann und wo wurde es gesagt? ___________________

Wer hat es gehört? ___________________

Alter?

Wann und wo wurde es gesagt? _______________   Alter?

Wer hat es gehört? _____________________

Wann und wo wurde es gesagt? _______________   Alter?

Wer hat es gehört? _____________________

Wann und wo wurde es gesagt? _______________

Wer hat es gehört? _______________

9

Wann und wo wurde es gesagt? _____________ Alter? ⋯⋯⋯

Wer hat es gehört? _________________________

"

"

Wann und wo wurde es gesagt? _____________ Alter? ⋯⋯⋯

Wer hat es gehört? _________________________

"

"

Wann und wo wurde es gesagt? ______________

Wer hat es gehört? ______________

„

"

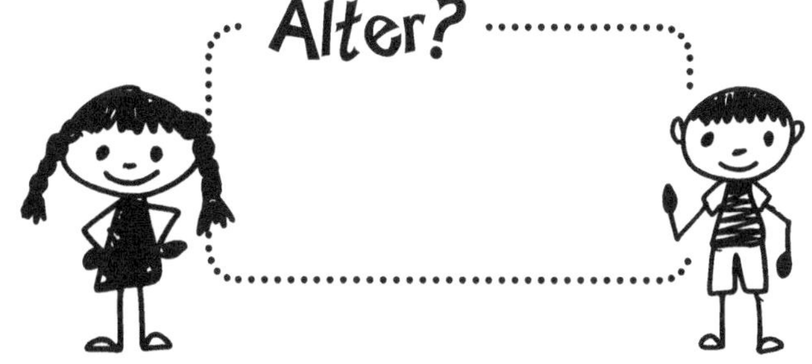

Alter?

Wann und wo wurde es gesagt? _____________ Alter?

Wer hat es gehört? _______________________

Wann und wo wurde es gesagt? _____________ Alter?

Wer hat es gehört? _______________________

Wann und wo wurde es gesagt? ______________________

Wer hat es gehört? ______________________

Alter?

Wann und wo wurde es gesagt? _______________ Alter?

Wer hat es gehört? _______________________

„

"

Wann und wo wurde es gesagt? _______________ Alter?

Wer hat es gehört? _______________________

„

"

Wann und wo wurde es gesagt? _______________

Wer hat es gehört? _______________

Wann und wo wurde es gesagt? _______________ Alter?

Wer hat es gehört? _______________________

„

"

Wann und wo wurde es gesagt? _______________ Alter?

Wer hat es gehört? _______________________

„

"

Wann und wo wurde es gesagt? _______________

Wer hat es gehört? _______________

Wann und wo wurde es gesagt? _______________ Alter?

Wer hat es gehört? _______________________

Wann und wo wurde es gesagt? _______________ Alter?

Wer hat es gehört? _______________________

Wann und wo wurde es gesagt? _______________________

Wer hat es gehört? _______________________

Alter?

Wann und wo wurde es gesagt? _______________ Alter?

Wer hat es gehört? _______________

Wann und wo wurde es gesagt? _______________ Alter?

Wer hat es gehört? _______________

Wann und wo wurde es gesagt? ________________

Wer hat es gehört? ________________

Wann und wo wurde es gesagt? _______________ Alter?

Wer hat es gehört? _______________________

„

"

Wann und wo wurde es gesagt? _______________ Alter?

Wer hat es gehört? _______________________

„

"

Wann und wo wurde es gesagt? _______________

Wer hat es gehört? _______________

23

Wann und wo wurde es gesagt? _______________ Alter?

Wer hat es gehört? _______________________________

,,

"

Wann und wo wurde es gesagt? _______________ Alter?

Wer hat es gehört? _______________________________

,,

"

Wann und wo wurde es gesagt? _______________________

Wer hat es gehört? _______________________

Alter?

Wann und wo wurde es gesagt? _______________

Alter?

Wer hat es gehört? _______________________

Wann und wo wurde es gesagt? _______________

Alter?

Wer hat es gehört? _______________________

Wann und wo wurde es gesagt? _______________

Wer hat es gehört? _______________

Wann und wo wurde es gesagt? _______________   Alter?

Wer hat es gehört? _______________________

„

"

Wann und wo wurde es gesagt? _______________   Alter?

Wer hat es gehört? _______________________

„

"

Wann und wo wurde es gesagt? _______________

Wer hat es gehört? _______________

Wann und wo wurde es gesagt? _______________ Alter?

Wer hat es gehört? _______________________

„

"

Wann und wo wurde es gesagt? _______________ Alter?

Wer hat es gehört? _______________________

„

"

Wann und wo wurde es gesagt? _______________

Wer hat es gehört? _______________

Alter?

Wann und wo wurde es gesagt? _______________   Alter?

Wer hat es gehört? _______________________

„

"

Wann und wo wurde es gesagt? _______________   Alter?

Wer hat es gehört? _______________________

„

"

Wann und wo wurde es gesagt? _______________________

Wer hat es gehört? _______________________

33

Wann und wo wurde es gesagt? _______________ Alter?

Wer hat es gehört? _______________________

„

"

Wann und wo wurde es gesagt? _______________ Alter?

Wer hat es gehört? _______________________

„

"

Wann und wo wurde es gesagt? ___________________

Wer hat es gehört? ___________________

35

Wann und wo wurde es gesagt? _______________ Alter?

Wer hat es gehört? _______________________

Wann und wo wurde es gesagt? _______________ Alter?

Wer hat es gehört? _______________________

Wann und wo wurde es gesagt? _______________________

Wer hat es gehört? _______________________

Alter?

Wann und wo wurde es gesagt? _______________ Alter?

Wer hat es gehört? _______________________

,,

``

Wann und wo wurde es gesagt? _______________ Alter?

Wer hat es gehört? _______________________

,,

``

Wann und wo wurde es gesagt? _______________

Wer hat es gehört? _______________

Wann und wo wurde es gesagt? _______________ Alter?

Wer hat es gehört? _______________________

„

“

Wann und wo wurde es gesagt? _______________ Alter?

Wer hat es gehört? _______________________

„

“

Wann und wo wurde es gesagt? _______________

Wer hat es gehört? _______________________

Wann und wo wurde es gesagt? _______________ Alter?

Wer hat es gehört? _______________________

,,

Wann und wo wurde es gesagt? _______________ Alter?

Wer hat es gehört? _______________________

,,

Wann und wo wurde es gesagt? _______________
Wer hat es gehört? _______________

Alter?

Wann und wo wurde es gesagt? _______________   Alter?

Wer hat es gehört? _______________________

Wann und wo wurde es gesagt? _______________   Alter?

Wer hat es gehört? _______________________

Wann und wo wurde es gesagt? _______________________

Wer hat es gehört? _______________________

45

Wann und wo wurde es gesagt? _______________   Alter?

Wer hat es gehört? _______________________

„

"

Wann und wo wurde es gesagt? _______________   Alter?

Wer hat es gehört? _______________________

„

"

Wann und wo wurde es gesagt? _______________

Wer hat es gehört? _______________

Wann und wo wurde es gesagt? _______________ Alter?

Wer hat es gehört? _______________________

,,

"

Wann und wo wurde es gesagt? _______________ Alter?

Wer hat es gehört? _______________________

,,

"

Wann und wo wurde es gesagt? _______________

Wer hat es gehört? _______________

"

"

Alter?

Wann und wo wurde es gesagt? _____________ Alter?

Wer hat es gehört? _____________________

Wann und wo wurde es gesagt? _____________ Alter?

Wer hat es gehört? _____________________

Wann und wo wurde es gesagt? _______________

Wer hat es gehört? _______________

Alter?

Wann und wo wurde es gesagt? _____________ Alter?

Wer hat es gehört? _____________________

,,

"

Wann und wo wurde es gesagt? _____________ Alter?

Wer hat es gehört? _____________________

,,

"

Wann und wo wurde es gesagt? _______________

Wer hat es gehört? _______________

53

Wann und wo wurde es gesagt? _______________ Alter?

Wer hat es gehört? _______________________

"

„

Wann und wo wurde es gesagt? _______________ Alter?

Wer hat es gehört? _______________________

"

„

Wann und wo wurde es gesagt? _______________

Wer hat es gehört? _______________

Wann und wo wurde es gesagt? _____________ Alter?

Wer hat es gehört? _____________________

Wann und wo wurde es gesagt? _____________ Alter?

Wer hat es gehört? _____________________

Wann und wo wurde es gesagt? _______________

Wer hat es gehört? _______________

Wann und wo wurde es gesagt? _______________ Alter?

Wer hat es gehört? _______________________

„

"

Wann und wo wurde es gesagt? _______________ Alter?

Wer hat es gehört? _______________________

„

"

Wann und wo wurde es gesagt? _______________

Wer hat es gehört? _______________

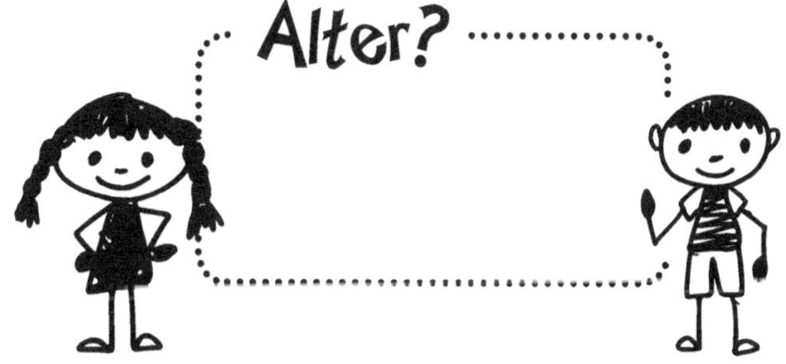

Wann und wo wurde es gesagt? _______________ Alter?

Wer hat es gehört? _______________________

Wann und wo wurde es gesagt? _______________ Alter?

Wer hat es gehört? _______________________

Wann und wo wurde es gesagt? _______________

Wer hat es gehört? _______________

Alter?

Wann und wo wurde es gesagt? _______________ Alter?

Wer hat es gehört? _______________

„

"

Wann und wo wurde es gesagt? _______________ Alter?

Wer hat es gehört? _______________

„

"

Wann und wo wurde es gesagt? _______________________

Wer hat es gehört? _______________________________

Wann und wo wurde es gesagt? _______________ Alter?

Wer hat es gehört? _______________

„

”

Wann und wo wurde es gesagt? _______________ Alter?

Wer hat es gehört? _______________

„

”

Wann und wo wurde es gesagt? _______________

Wer hat es gehört? _______________

Wann und wo wurde es gesagt? _______________ Alter?

Wer hat es gehört? _____________________

"

"

Wann und wo wurde es gesagt? _______________ Alter?

Wer hat es gehört? _____________________

"

"

Wann und wo wurde es gesagt? _______________

Wer hat es gehört? _______________

Alter?

Wann und wo wurde es gesagt? _______________   Alter?

Wer hat es gehört? _______________________

„

"

Wann und wo wurde es gesagt? _______________   Alter?

Wer hat es gehört? _______________________

„

"

Wann und wo wurde es gesagt? _______________

Wer hat es gehört? _______________

Wann und wo wurde es gesagt? _______________ Alter?

Wer hat es gehört? _______________________

,,

"

Wann und wo wurde es gesagt? _______________ Alter?

Wer hat es gehört? _______________________

,,

"

Wann und wo wurde es gesagt? _______________

Wer hat es gehört? _______________

Alter?

Wann und wo wurde es gesagt? _______________ Alter?

Wer hat es gehört? _______________________

72

Wann und wo wurde es gesagt? _______________

Wer hat es gehört? _______________

"

"

Alter?

Wann und wo wurde es gesagt? _______________ Alter?

Wer hat es gehört? _______________

„

”

Wann und wo wurde es gesagt? _______________ Alter?

Wer hat es gehört? _______________

„

”

 Wann und wo wurde es gesagt? _______________

Wer hat es gehört? _______________

Alter?

Wann und wo wurde es gesagt? _____________ Alter? ⋯⋯⋯

Wer hat es gehört? _____________________

,,

"

Wann und wo wurde es gesagt? _____________ Alter? ⋯⋯⋯

Wer hat es gehört? _____________________

,,

"

Wann und wo wurde es gesagt? _______________

Wer hat es gehört? _______________

Wann und wo wurde es gesagt? _______________   Alter?

Wer hat es gehört? _______________________

„

"

Wann und wo wurde es gesagt? _______________   Alter?

Wer hat es gehört? _______________________

„

"

Wann und wo wurde es gesagt? _______________

Wer hat es gehört? _______________

Alter?

Wann und wo wurde es gesagt? _______________   Alter? ⋯⋯⋯⋯

Wer hat es gehört? _________________________

"

"

Wann und wo wurde es gesagt? _______________   Alter? ⋯⋯⋯⋯

Wer hat es gehört? _________________________

"

"

Wann und wo wurde es gesagt? _______________

Wer hat es gehört? _______________

Wann und wo wurde es gesagt? _______________   Alter?

Wer hat es gehört? _______________

"

"

Wann und wo wurde es gesagt? _______________   Alter?

Wer hat es gehört? _______________

"

"

Wann und wo wurde es gesagt? _______________

Wer hat es gehört? _______________

Wann und wo wurde es gesagt? _______________ Alter?

Wer hat es gehört? _______________________

„

”

Wann und wo wurde es gesagt? _______________ Alter?

Wer hat es gehört? _______________________

„

”

Wann und wo wurde es gesagt? _______________

Wer hat es gehört? _______________

Alter?

Wann und wo wurde es gesagt? _______________   Alter?

Wer hat es gehört? _______________________

"

‌

"

Wann und wo wurde es gesagt? _______________   Alter?

Wer hat es gehört? _______________________

"

‌

"

Wann und wo wurde es gesagt? _______________________

Wer hat es gehört? _______________________

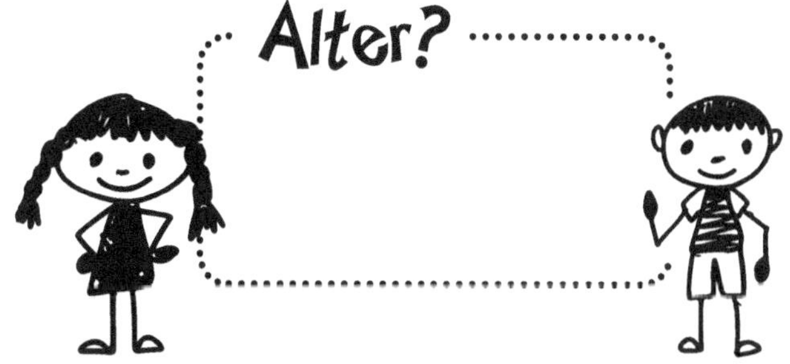

Wann und wo wurde es gesagt? _____________ Alter?

Wer hat es gehört? _____________________

"

"

Wann und wo wurde es gesagt? _____________ Alter?

Wer hat es gehört? _____________________

"

"

Wann und wo wurde es gesagt? _______________

Wer hat es gehört? _______________

Wann und wo wurde es gesagt? _______________ Alter? ⋯⋯⋯⋯

Wer hat es gehört? _______________________

„

„

Wann und wo wurde es gesagt? _______________ Alter? ⋯⋯⋯⋯

Wer hat es gehört? _______________________

„

„

Wann und wo wurde es gesagt? _______________

Wer hat es gehört? _______________

Alter?

Wann und wo wurde es gesagt? _______________   Alter?

Wer hat es gehört? _______________________

Wann und wo wurde es gesagt? _______________   Alter?

Wer hat es gehört? _______________________

Wann und wo wurde es gesagt? _______________

Wer hat es gehört? _______________

Wann und wo wurde es gesagt? _______________ Alter?

Wer hat es gehört? _______________________

,,

``

Wann und wo wurde es gesagt? _______________ Alter?

Wer hat es gehört? _______________________

,,

``

Wann und wo wurde es gesagt? _______________

Wer hat es gehört? _______________

Wann und wo wurde es gesagt? _____________ Alter? ⸬

Wer hat es gehört? _____________________

> "

Wann und wo wurde es gesagt? _____________ Alter? ⸬

Wer hat es gehört? _____________________

> "

Wann und wo wurde es gesagt? _______________

Wer hat es gehört? _______________

Alter?

97

Wann und wo wurde es gesagt? _______________ Alter?

Wer hat es gehört? _______________________

Wann und wo wurde es gesagt? _______________ Alter?

Wer hat es gehört? _______________________

Wann und wo wurde es gesagt? _______________

Wer hat es gehört? _______________

Wann und wo wurde es gesagt? _______________ Alter?

Wer hat es gehört? _______________

Wann und wo wurde es gesagt? _______________ Alter?

Wer hat es gehört? _______________

Wann und wo wurde es gesagt? _______________

Wer hat es gehört? _______________

Wann und wo wurde es gesagt? _______________ Alter?

Wer hat es gehört? _______________________

Wann und wo wurde es gesagt? _______________ Alter?

Wer hat es gehört? _______________________

Wann und wo wurde es gesagt? _______________

Wer hat es gehört? _______________

Alter?

Wann und wo wurde es gesagt? _______________ Alter?

Wer hat es gehört? _____________________

„

"

Wann und wo wurde es gesagt? _______________ Alter?

Wer hat es gehört? _____________________

„

"